# Kvinders Uendelige Potentiale

En tale holdt af
Sri Mata Amritanandamayi

Holdt ved 2008-topmødet for Kvindernes
Globale Fredsinitiativ:
"At give plads for det feminine:
Til gavn for verdenssamfundet."

*7. marts 2008, Jaipur, Rajasthan, Indien.*

Mata Amritanandamayi Center, San Ramon
Californien, Forenede Stater

# Kvinders Uendelige Potentiale
En tale holdt af Sri Mata Amritanandamayi

Oversat fra Malayalam til engelsk af
Swami Amritaswarupananda Puri

*Udgivet af:*
Mata Amritanandamayi Center
P.O. Box 613, San Ramon, CA 94583
Forenede Stater

—— *The Infinite Potential of Women (Danish)* ——

*Første udgave af Mata Amritanandamayi Center:* april 2016

*Danmark:*
www.amma-danmark.dk
info@amma-danmark.dk

*India:*
www.amritapuri.org
inform@amritapuri.org

Amma og Dena Merriam, arrangør af Kvindernes
Globale Fredsinitiativ, under mødets indledelsesbøn.

Kvindernes Globale Fredsinitiativs 2008 stormøde bragte flere hundrede mennesker sammen for at drøfte, hvordan kvindeligt lederskab kunne transformere religion, politik, økonomi og samfundet generelt. Det var et eklektisk møde som samlede både religiøse og spirituelle ledere, politikere, akademikere, undervisere, medarbejdere i sundhedsvæsenet og menneskerettighedsaktivister.

# Introduktion

Topmødet for Kvindernes Globale Fred-initiativ i 2008, "At give plads for det feminine: Til gavn for verdenssamfundet," bragte flere hundrede mennesker sammen for at drøfte hvordan kvindeligt lederskab kunne transformere religion, politik, økonomi og samfundet generelt. Det var et eklektisk møde som samlede både religiøse og spirituelle ledere, politikere, akademikere, undervisere, medar-bejdere i sundhedsvæsenet og menneskerettighedsaktivister, ligeså vel som et par dusin unge mennesker fra lande der er i konflikt.

Topmødet fandt sted på Clarks Amer Hotel i Jaipur, hovedstaden i Rajasthan i Nordindien, fra den 6.-10. marts på samme tid som Ammas årlige darshan-program i byen "The Pink City" [Den Lyserøde By]. Den 7. marts holdt Amma en dybtfølt og passioneret tale med titlen "Kvinders Uendelige Styrke", som fokuserede på undertrykkelsen af kvinder i forskellige dele af samfundet.

På mange måder var talen en fortsættelse af den banebrydende tale som Amma holdt ved det første topmøde for Kvindernes Globale Fredsinitiativ i FN's hovedkvarter i Genève i 2002, "Moderskabets Kraft."

I 2002 priste Amma den kvindelige energis umådelige kraft og sagde at det var til gavn for hele verden at kvinder skulle slutte sig til mændene på samfundets forkant. På dette område bad Amma kvinderne om at tro på sig selv, og mændene om ikke at hindre kvindernes fremskridt men om at hjælpe dem. Det der gjorde Ammas vision unik, var at hun insisterede på at kvinder ikke skulle stå frem som efterligninger af mænd, men at de helt skulle omfavne og nære deres iboende moderlighed. Amma sagde at kernen i en kvindes eksistens var hendes moderlige kærlighed, medfølelse, tålmodighed og uselviskhed, og at hun aldrig for nogen pris må give slip på de kvaliteter. Hvis kvinder afviser deres feminine kvaliteter, sagde Amma, vil det kun øge den ubalance som der lige nu er i verden. "Den kommende tidsalder bør være viet til at genopvække moderskabets helbredende kraft," sagde Amma. "Dette er den eneste måde til at virkeliggøre vores drøm om fred og harmoni for alle."

I sin tale i 2008 i Jaipur beklagede Amma flere gange mindskelsen af kærlighed og gensidig respekt mellem mænd og kvinder, og opfordrede dem til at hele dette forhold for fred og harmoni i verden. "Kvinder og mænd skal gå sammen for at redde vores samfund og de kommende generationer fra en stor katastrofe," sagde Amma. "I modsat fald er situationen i dag ligesom to tungtlastede køretøjer som er på vej mod hinanden, og ingen af dem har planer om at gøre plads for den anden."

Yderligere sagde hun: "Hvis fremtiden skal være som en smuk, velduftende, fuldt udfoldet blomst, så skal kvinder og mænd stå sammen på alle områder. De der ønsker fred og tilfredshed i verdenssamfundet skal overveje dette, i selve dette øjeblik. For at få en lovende fremtid skal kvinders og mænds sind og intellekt blive som et. Vi kan ikke vente længere. Jo mere vi udsætter det, desto værre bliver situationen i verden."

Amma fokuserede også på specifikke områder, idet hun gik i detaljer med de forskellige måder som kvinder bliver undertrykt og udnyttet på – idet hun specielt nævnte problemerne med prostitution, voldtægt, internet-pornografi, medgiftsystemet, skilsmisse og drab på pigebørn.

Amma genoptog også nogle af de ideer som hun havde berørt i sin 2002-tale, idet hun igen lagde vægt på at kvinder bør basere deres liv på de kvaliteter der ligger i moderskab og at de ikke søger ydre men indre lighed. "Alting har deres egen essentielle natur...," sagde Amma. "Lys er solens natur, bølger er havets natur og kølighed er vindens natur. Det som gør en hjort fredsommelig og en løve dræberisk er deres egne oprindelige naturer. På samme måde har kvinder og mænd deres egne naturer som adskiller dem fra hinanden. De bør blive husket og må aldrig forlades."

Amma sluttede af med at henvende sig direkte til kvinder: "Kvinden har allerede alt hvad hun behøver for at brillere i samfundet. Hun er ufejlbarlig. Hun er fuldstændig på alle måder. Når mænd prøver at nedgøre kvinder, skal de ikke falde fra hinanden; de må aldrig tro at de er mænd underlegne. Det er kvinder, der har født hver eneste mand i denne verden. Vær stolt over denne enestående velsignelse og gå fremad med tro på jeres iboende kraft. I skal aldrig tænke på jer selv som et svagt lille lam, men som en løvinde."

Under topmødet mødtes Amma med en gruppe på omkring 30 unge ledere fra hele verden, deriblandt mange lande som lige nu var under forskellige former for konflikt. Disse indbefattede Afghanistan, Irak, Iran, Pakistan, Indien, Sri Lanka, Tibet, Nepal, Cambodia, Laos, Taiwan, Sydafrika, Nigeria, Mexico, Israel og Palæstina.

Da Amma havde holdt sin tale blev hun bedt om at mødes med en gruppe af unge ledere fra mange af verdens lande, deriblandt mange lande som lige nu var under forskellige former for konflikt. Disse indbefattede Afghanistan, Irak, Iran, Pakistan, Indien, Sri Lanka, Tibet, Nepal, Cambodia, Laos, Taiwan, Sydafrika, Nigeria, Mexico, Israel og Palæstina.

Det var der at initiativtagernes forkvinde, pastor Dr. Joan Brown Campbell, en tidligere direktør for USA's Verdensråd for Kirker, havde et spørgsmål til Amma: "Amma, vi har en drøm om at et af resultaterne af dette møde skal være oprettelsen af et råd for kvindelige spirituelle ledere fra hele verden. Vores håb er at hvis vi opretter sådan et råd, så vil vi have et forum hvor folk kan henvende sig når de har brug for et råd fra kvinder, som kan give dem visdom. Og du er sandelig en person som ville kunne give os den visdom. Ville du, Amma, være villig til at spille en ledende rolle i dette råd? Hvis du vil stå sammen med os, ville det være os en stor ære." Amma tog imod tilbudet med den største ydmyghed og sagde at hun ville gøre hvad hun kunne.

Pastor Brown og Dena Merriam, Fredsinitiativets grundlægger og leder, introducerede derefter de forskellige unge mennesker for Amma. Idet hun så dybt på dem roste Amma deres tidlige spirituelle egenskaber og deres ønske om at hengive sig til at bringe fred i verden. "I sådan en ung alder er disse unge mennesker vågnet op og har udviklet en spirituel bevidsthed. Dette er forbløffende i sig selv og fortjener vores ros, sagde Amma.

Amma foreslog da, at Fredsinitiativet skulle tillade ungdommen at spille en rolle i det nydannede råd. "Hvis de kunne spille en ledende rolle, ville det hjælpe alle landene," sagde Amma. "Hvis de arbejder sammen vil de blive som en smuk regnbue!

Idet hun lagde vægt på handling over ord, beskrev Amma de unges færdigheder. "Ungdommen har energien til faktisk at smøge ærmerne op og komme omkring og få tingene gjort," sagde Amma med et smil. "I skal bare vejlede dem og dele jeres erfaringer med dem, så kan de tage lederskabet. Vi bør også støtte dem følelsesmæssigt, intellektuelt og give dem de rette instruktioner på det rigtige tidspunkt. Især i konfliktramte områder søger folk virkeligt efter vejledning. Det vi virkelig har brug for er ikke fysiske møder, men møder mellem hjerter. Vi skal *gøre* noget. Det er det, der er brug for."

Amma bad derefter de unge og Fredsinitiativets ledere om at huske at den menneskelige indsats alene ikke er nok, og at ingen planer kan nå deres mål uden guddommelig nåde. "Vær ydmyge", sagde Amma. "Vær som en begynder lige til det sidste, som et barn der har umådelig tro og tålmodighed. Det er den bedste vej. Det bør være vores holdning overfor livet og de oplevelser som livet giver os. Så vil vi blive ved med at lære. Vores kroppe er vokset i alle retninger, men ikke vores sind. For at sindet kan vokse og blive ligeså stort som universet, skal vi blive som et barn."

"Gå derfor fremad. Rejs tilbage til jeres hjemegn, føl menneskenes lidelse og arbejd hårdt. Der er meget, der skal læres. Lad os gøre hvad vi kan. Må Guds nåde velsigne os alle."

Ammas vision for kvindernes rolle i alle områder af livet, deriblandt politik og regerings-administration, viser hendes universelle horisont – en vision der bunder i hendes indre realisering af enhed og fred. Ifølge Amma betyder det at styrke kvinder ikke at nedgøre mænd og at gøre gamle regnskaber op med dem. Tværtimod indbefatter Ammas vision tilgivelse, gensidig forståelse og kærlighed. Kun handling som er baseret på sådan en ekspansiv vision kan bære menneskeheden til både spirituelle og materielle højder.

Swami Amritaswarupananda Puri
Næstformand
Mata Amritanandamayi Math

# Kvinders
# Uendelige Potentiale

En tale af
Sri Mata Amritanandamayi Devi

*Jaipur, Rajasthan, Indien – 7. marts 2008*

Over hele verden føres der heftige diskussioner om at stille kvinder lig med mænd på alle områder af samfundet, og at give dem den samme respekt og værdighed. Dette er et velkomment tegn på forandring. Kvinder har været nødt til at lide i stilhed i lang tid uden sådan en dialog. I historiens løb har kvinder været udsat for fysisk, følelsesmæssig og intellektuel udnyttelse og forfølgelse. Selv i lande hvor der menes at være progressiv tænkning og udvikling, bliver kvinder stadig diskrimineret på mange områder, selv om den tendens er blevet noget mindre. Skiftende tider har tilskyndet mændene til at give kvinder fysisk beskyttelse, men selv i dag tøver mænd med at give kvinder frihed fra intellektuel og følelsesmæssig ulighed og pres – være det sig på arbejdspladsen, i hjemmet eller i samfundet. Så længe den holdning varer ved, vil der blive ved med at hænge en skygge over forholdet mellem mænd og kvinder, og også over samfundet som helhed. Uden gensidig respekt og kærlig anerkendelse, vil kvinders og mænds liv være som to adskilte kyster uden en bro til at forbinde dem. Hvis kvinden skal forholde sig til manden, og manden til kvinden, skal de begge udvikle en større forståelse, mental modenhed og intellektuel skelneevne. Hvor disse ikke findes vil der være disharmoniske toner, uregelmæssige mønstre og ufred i samfundet. Ligestilling skal skabes i sindet. I dag styres vores sind af ulighed. Så længe det er sådan vil samfundets vækst og udvikling være ufuldstændig, ligesom en halvt udfoldet blomst. At udelukke kvinder fra områder som finans og politik er som at udelukke halvdelen af samfundets intelligens og styrke. Mænd bør blive bevidste om hvor meget fremgang samfundet og individet kan gøre, hvis kvinder seriøst bliver inviteret til at arbejde med på disse områder. Forums, tænketanke og offentlige kampagner er uden tvivl nødvendige for at frembringe en løsning på dette problem. Men kun at tænke i rent intellektuelle baner vil ikke rette op på situationen. Vi er nødt til at afdække dens overfladiske og subtile årsager for at nå til en løsning.

Kvinder siger at de ikke bliver givet den status, hensyn og frihed som de fortjener i hjemmet, på arbejdet og i samfundet. De siger at ikke alene bliver de ikke respekteret, de bliver endda behandlet med foragt. Mænd kan ikke lide at høre denne sandhed. De føler at kvinder har fået for meget frihed som det er, og er blevet for arrogante og forsømmer deres hjem og børn. Før vi overvejer hvilket af disse synspunkter der er det rigtige, bør vi forstå hvordan denne situation opstod og opsøge dens rødder. Hvis vi kan gøre det, vil det være lettere at forandre dens misopfattelser.

Engang i fortiden blev den nedladende holdning, "Manden er kvinden overlegen" og "Hun skal ikke have frihed eller en ligeberettiget

plads", dybt rodfæstet i de fleste mænds forstå-
else. Kvindernes holdning er dog helt anderle-
des. De synes: "Mændene har hersket over os
og styret os i så lang tid. Nu har vi fået nok!
Fra nu af skal vi lære dem en lektie; der er
ingen anden vej."

Begge disse standpunkter er fyldt med
bitterhed og fjendskab. I dag styrer sådanne
destruktive tanker både kvinder og mænd, og
de oppuster egoerne og gør problemet endnu
mere indviklet. For at opnå mental frihed må
vi opgive denne konkurrenceprægede holdning
af "Hvem er bedst?"

Der var engang et bryllup. Efter brylluppet
skulle manden og konen underskrive vielses-
attesten for at gøre ægteskabet gyldigt. Først
skrev manden sit navn. Derefter var det konens
tur. Så snart de var færdige med at underskrive
råbte manden, "Det er slut... det er helt slut!
Jeg vil have en skilsmisse øjeblikkeligt!"

Dommeren og de andre der var til stede var
overraskede. Dommeren spurgte, "Hør hvad er
alt dette for noget? Vil du have skilsmisse lige
efter at være blevet gift? Hvad er der sket?"

Brudgommen sagde, "Hvad er der *sket*? Bare åben dine øjne og se! Prøv at se på min underskrift. Så se på hendes! Kan I se hvor stor den er? Sig mig, er der nogen der underskriver på hele siden? Jeg ved hvad det betyder. Jeg er jo ikke nogen idiot. I det virkelige liv vil hun være den store og jeg vil være den lille. Det er det hun mener. Men glem alt om det! Hun kommer ikke til at underkue mig!"

Når mænd og kvinder i dag prøver at gå hånd i hånd, så vakler deres skridt lige fra starten.

Kvinder stiller spørgsmål ved socialt skabte regler og love og begynder at vågne op og gå fremad. Men på grund af de sædvanlige holdninger og traditioner vil mænd ikke tillade dem at vågne op.

"Vi har faktisk givet kvinderne frihed," siger mændene. Men hvilken slags frihed?

En mand gav engang sin ven en dyrebar ædelsten. Men så snart han havde givet den væk begyndte han at beklage sig, "Sikke en skam! Jeg skulle aldrig have givet den væk." Han blev ved med at fortvivle og ærgre sig over hvad han havde gjort. Ikke nok med det, han begyndte også at planlægge hvordan han kunne få den tilbage. Det er den samme ånd som mænd har givet kvinderne deres frihed i. Frihed er faktisk ikke noget som mænd kan give til kvinder; det er kvindernes fødselsret. Mændene tog den fra kvinderne og gjorde den til deres ejendom.

Før i tiden havde mænd friheden og retten til at gøre hvad de ville, fordi de var de eneste der arbejdede. Fordi kontrol over økonomien og andre områder var i deres hænder, udøvede de en autoritet der satte kvinderne i fængsel. Så gik de rundt og gjorde hvad de havde lyst til og beholdt nøglen for sig selv. Men nu er situationen anderledes. Selv om de er lukket inde åbner kvinderne nu døren indefra og bryder fri. Årsagen er at kvinder i dag har uddannelse, jobs og ressourcer til at stå på deres egne ben. Mændene må forstå at tiderne har ændret sig.

Tidligere var kvinder lukket inde i et bur af socialt skabte lovmæssigheder. De var nødt til at overholde de dogmer som var overleveret fra mange generationer og leve i lydighed.

"Respektér mænd," "Lad være med at stille spørgsmål," "Gør som der bliver sagt," – regler som disse blev påtvunget kvinderne. På grund af denne undertrykkelse kunne de ikke udfolde deres talenter. En potteplante som et bonsaitræ kan ikke sætte blomster eller frugter. Er det ikke blot en pyntegenstand? På samme måde blev kvinder kun set som objekter der var til for mændenes nydelse og glæde. Hun var som en *tambura* der kun blev spillet på for at akkompagnere mandens sang.

Der var engang en journalist, som besøgte et land for at undersøge en historie. I byen lagde han mærke til hvordan folk gik igennem gaderne. Mændene gik foran, mens kvinderne gik bagerst og havde børn i armene og tunge byrder på skuldrene. Hvor han end tog hen i landet så han det samme fænomen. "Det er forfærdeligt, " tænkte han. "Er mændene her virkeligt så gammeldags?"

Efter nogle måneder udbrød der krig i landet. For at undersøge hvordan situationen var i landet efter krigen, besøgte journalisten landet igen. Denne gang så han lige det modsatte. Nu gik kvinderne forrest og mændene bagerst, mens de bar både børnene og de tunge byrder. Journalisten glædede sig og tænkte, "Sikke en forandring som krigen har bragt med sig!" Han spurgte en af kvinderne hvorfor situationen havde ændret sig så meget. Lige da han havde spurgt, hørte han en eksplosion. En af kvinderne havde trådt på en landmine og var dræbt på stedet. Den kvinde som han interviewede sagde, "Kan du se den *forandring?* Dette er bare en ny metode som mændene har fundet på for at beskytte sig selv!"

Dette er kun et eksempel. Må en sådan situation aldrig opstå. Alle tænker kun på deres egen sikkerhed. Mænd skal være glade og tilfredse. Men lad det ikke være på kvindernes bekostning.

I nogle lande troede man endda at kvinder ikke havde en sjæl. Hvis en mand i sådan et land dræbte sin kone blev han ikke straffet. Hvordan kunne det at dræbe nogen som ikke har en sjæl være en forbrydelse?

"Kvinder er svage. De har brug for mænd til at beskytte dem." Det har været den generelle antagelse i generationer. Samfundet har givet manden rollen som beskytter. Men mænd har brugt denne rolle til at udnytte kvinderne. Faktisk burde mændene hverken optræde som beskyttere eller afstraffere overfor kvinder. De bør leve i sameksistens med kvinder, og være åbne for at tillade at kvinder kan være deltagere i samfundet generelt.

Mange spørger: Hvordan opstod dette ego hos mændene? Ifølge Vedanta [filosofien om ikke-dualitet], er den ultimative årsag *maya* [illusion]. Men på et mere grundlæggende niveau kan der være en anden årsag. I forgangne tider levede menneskene i skovene, idet de boede i huler eller træhuse. Fordi mænd er fysisk stærkere end kvinder var det dem der gik på jagt og beskyttede familien mod vilde dyr. Kvinder blev for det meste hjemme og så efter børnene og passede husholdningen. Da det var mændene der bragte mad og skind til at lave tøj af, kan de have udviklet den idé at kvinder var afhængige af dem for deres overlevelse – at de var herrerne og kvinderne var tjenerne. På denne måde er kvinder også begyndt at se på mændene som deres beskyttere. Det kan være på denne måde at disse egoer er blevet udviklet.

Kvinder er ikke svage og bør aldrig blive betragtet som svage, men deres naturlige medfølelse og sympati er alt for ofte blevet opfattet som svaghed. Hvis en kvinde udnytter sin indre kraft, kan hun blive mere mand end en mand selv er*. Det mandsdominerede samfund bør hjælpe hende oprigtigt til at erkende og værdsætte sin indre styrke. Hvis vi kommer i samklang med den indre styrke, så kan verden blive som himlen. Krig, stridigheder og terrorisme vil ophøre. Det er overflødigt at sige at kærlighed og medfølelse vil blive en del af livet.

I Indien er det værdier som mod, skelneevne og upartiskhed der tilskrives mænd. Mens værdierne kærlighed, medfølelse og tålmodighed tilskrives kvinder.

Amma har hørt om en hændelse om en krig i et afrikansk land. Utallige mænd døde i den krig. Selv om kvinderne udgjorde hele 70 % af befolkningen efter krigen mistede de ikke håbet. De gik sammen for at samarbejde i enhed. De startede små virksomheder individuelt eller i grupper. De passede både deres egne og de forældreløse børn. Inden længe følte kvinderne sig bemærkelsesværdigt styrkede og deres situation forbedrede sig radikalt. Dette viser at hvis de vælger det, så kan kvinder rejse sig fra ødelæggelse og blive en kraft som man kan regne med.

På grund af hændelser som disse tænker mange, "Hvis kvinder hersker så vil mange opstande og krige kunne undgås. Kvinder ville kun lade deres egne børn komme ud på slagmarken efter grundige overvejelser. Kun en moder kan forstå smerten hos én, der har mistet sit barn."

Hvis kvinder står sammen kan de frembringe mange gode ændringer i samfundet. Men mænd skal også opfordre dem til at finde sammen. Kvinder og mænd skal gå hånd i hånd for at redde vores samfund og de kommende generationer fra en stor katastrofe – det er hvad Amma har på hjertet. I stedet for er situationen i dag ligesom to tungt lastede vogne der kører direkte imod hinanden, og ingen af dem vil vige og give plads for den anden.

Der er forskelle i mænds og kvinders holdninger, fremgangsmåder og handlinger ifølge forskellig tid, sted og kultur. Ikke desto mindre har der levet modige kvinder i enhver tid, og de har brudt ud af de bure som var blevet påført dem og har startet revolutioner. Indiske prinsesser som Rani Padmini, Hathi Rani, Mirabai og Jhansi Rani var eksempler på styrke og renhed.

Der har levet lignende kvindelige juveler i andre lande. Nogle eksempler er Florence Nightingale, Jeanne d'Arc og Harriet Tubman. Når de har haft muligheden for det har kvinder overstrålet mænd på alle områder. Det har kvinden evnerne og styrken til at gøre.

Der er en uovervindelig styrke i kvinden. Hvis hun kan bryde fri for sit sinds og sine følelsers mørke fængsel, kan hun stige op til de uendelige vidder af frihed.

En gang kom en ørneunge ved et tilfælde til at leve sammen med et kuld kyllinger. Høne-moderen opfostrede den på samme måde som sine egne kyllinger. Ligesom kyllingerne voksede den unge ørn op med at spise orm fra jorden.

Derfor betragtede ørnen sig selv som blot en kylling, idet den ikke var bevidst om sin evne til at flyve og hæve sig højt op i luften. En dag så en anden ørn denne ørneunge, der boede sammen med hønsene. Da den var alene kom 'himmel-ørnen' hen til 'kyllinge-ørnen' og tog den med hen til en sø. 'Himmel-ørnen' sagde, "Mit barn, ved du ikke hvem du er? Se på mig, og se så på dit eget spejlbillede i vandet. Ligesom jeg er du også en ørn med evnen til at flyve højt op i luften – du er ikke nogen jordbunden høne." Gradvist erkendte ørnen sin styrke, og uden at tøve længe foldede den sine vinger ud og fløj højt op på himlen.

Den vide himmel er ørnens fødselsret. På samme måde har kvinden potentialet til at hæve sig op til den uendelige himmel af styrke og frihed. Men før denne frihed kan blive til virkelighed må kvinden forberede sig selv på en vedholdende indsats. Det er den tanke, at hun er kraftesløs og hæmmet af talrige begrænsninger og svagheder, der trækker hende ned. Hun må først fjerne denne tænkemåde.

Så vil der af sig selv komme en forandring indefra. Men hun skal ikke forveksle friheden i hendes Indre Selv med sin krops frihed.

Alligevel vil Amma sige at kvinder skal opgive deres tendens til at finde fejl ved mænd. Mænd har brug for kvindernes fysiske og emotionelle støtte. Generelt er det sandt at mænd ikke tænker så højt om kvinder. Men det kan de alene ikke bebrejdes for. De gamle traditioner og situationer som de er blevet opfostret med har givet dem dette synspunkt. Hvis for eksempel en amerikaner kommer til Indien og bliver bedt om at glemme alt om kniv og gaffel og begynde at spise med hænderne, så vil han ikke være i stand til det lige med det samme. På samme måde er det med en persons vanedannede natur; man kan ikke ændre den så hurtigt. At forvente at mænd skal ændre sig lige med det samme er lige så urimeligt. De styres af et sind som de ikke kender. Hvis man falder foran en elefant, vil den løfte sit ben og træde hen over én. Det samme vil selv en elefantunge gøre. Det er kraften i ens indprægede natur. I stedet for at bebrejde mændene skal vi tålmodigt og kærligt stræbe efter gradvist at ændre dem.

Hvis vi prøver at tvinge en blomst til at åbne sig mens den stadig er en knop, vil vi gå glip af skønheden og velduften. Vi skal tillade blomsten at blomstre naturligt. På samme måde vil det at fordømme mænd og øve pres på dem og forlange at de skal ændre sig hurtigt have en negativ virkning på familie og samfundslivet for både mænd og kvinder. Derfor skal mænd forstå kvindernes psykiske situation, og omvendt.

"Vi skal tvinge os vej frem." Det er de fleste kvinders fokus. Det er rigtigt at kvinder skal gå fremad, men de skal også se sig tilbage og tage hensyn til det barn der går i deres fodspor, og ikke glemme deres rolle som forældre. For sine børns skyld skal en moder have i hvert fald en vis tålmodighed. Det er ikke nok at give et barn plads på sit skød, hun skal også give det plads i sit hjerte.

Integriteten, skønheden og velduften i fremtidens samfund bør udtrykkes gennem mødrene. Moderen er den første lærer. Derfor er det hende der har den største indflydelse på

et barn. Barnet vil tilegne sig alt hvad moderen
gør. Kvindens modermælk gør mere end at nære
blot barnets krop. Den udvikler også barnets
sind, intellekt og hjerte. På samme måde giver
de livsværdier, som moderen giver barnet, det
styrke og mod til fremtiden. Siden det er kvin-
der som har født og opdraget mænd, hvordan
kan kvinder så undgå at være ligeværdige med
dem? Kun hvis mødrene vågner op og gør en
indsats, vil en ny tidsalder fyldt med kærlighed,
medfølelse og rigdom være mulig.

En gang for længe siden tilkaldte en gravid
dronning sin astrolog på det tidspunkt hvor
veerne begyndte at komme. Han forudsagde:
"Det tidspunkt som kommer om nogle få timer
fra nu af vil være det mest lykkebringende for
en fødsel. Hvis barnet bliver født på det tids-
punkt, vil De føde en søn som vil besidde alle
ædle kvaliteter. Han vil være en velsignelse
for landet og for folket." Da hun hørte dette,
fik dronningen bundet sine ben op til loftet
og hang med hovedet nedad og hænderne
på gulvet. For at vide hvornår det favorable
tidspunkt kom, stillede hun et ur tæt ved.

Da tiden nærmede sig, beordrede hun sine venner til at forberede hende til fødslen. Hun fødte barnet akkurat på det lykkebringende tidspunkt. På grund af den lidelse, som hun frivilligt påførte sig selv for at frembringe den lykkebringende fødsel, døde dronningen. Da hendes søn senere blev konge, arbejdede han utrætteligt for sit folks og sit lands velfærd. Han fik bygget utallige templer af meget stor skønhed. Landet blomstrede og folket levede i fred og var tilfredse og lykkelige.

I dag tænker folk kun på hvad de kan opnå. Vi bør ikke tænke på hvad vi kan få, men snarere på hvad vi kan give af godt til samfundet.

Kvinders indre styrke strømmer ligesom en flod. Hvis strømmen støder på et bjerg vil den flyde omkring det. Hvis der er en samling klipper vil floden strømme imellem dem. Nogle gange vil den strømme under eller over dem. På samme måde har den kvindelige styrke evnen til at gå fremad mod målet, idet den overvinder alle forhindringer undervejs. Mænd skal være rede til at værdsætte kvinders indre styrke sådan som den fortjener. For at gavne

samfundets kollektive vækst, bør mænd accep-
tere og opmuntre kvinder med et åbent sind.

Tidligere var mænd ligesom ensporede
ensrettede veje. Nu er de nødt til at blive som
motorveje. De bør ikke bare gøre det muligt for
kvinder at gå fremad, de skal også give plads
til dem. Mænd har måske mere muskulær og
fysisk styrke end kvinder, men i stedet for at
bruge denne styrke til at undertrykke kvinder
kan de bruge den til at støtte dem. Organi-
sationer bør holde møder som har til formål
også at give lederpositioner til kvinder. Men
vi skal huske på at lighed ikke er et spørgsmål
om magt eller position. Det er en sindstilstand.

Kvinder og mænd bør ære hjertet med den
samme vigtighed som de giver til intellektet.
De bør stræbe på at arbejde på en måde der
forener hjertet og intellektet, og at være forbil-
leder for hinanden. Så vil lighed og harmoni
naturligt opstå. Lighed er ikke en ydre ting.
En høne kan aldrig blive magen til en hane.
Men kan en hane lægge æg? Selv om der er
ydre forskelle, er det muligt at blive som af ét
sind. Elektricitet manifesterer sig som kulde i

et køleskab, i en varmeovn som varme og i en elpære som lys. Et fjernsyn vil ikke have de samme kvaliteter som en elpære, eller elpæren som fjernsynet. Et køleskab vil heller ikke kunne gøre det samme som en varmeovn, og omvendt. Men den elektricitet der strømmer gennem dem alle er og bliver den samme. På samme måde, selv om der er ydre forskelle mellem mænd og kvinder, så er den iboende bevidsthed i dem den samme.

Alting har sin plads i universet; intet er ubetydeligt. Der er betydning og bevidsthed bag enhver del af skabelsen. Alting har sin egen essentielle natur; nogle ting kan være "store" og andre "små". Solens natur er lys, havets natur er bølger, og vindens natur er kølighed. Det som gør en hjort fredsommelig og en løve aggressiv er deres egen iboende natur. På samme måde har kvinder og mænd deres egne unikke karaktertræk som adskiller dem fra hinanden. Dette skal man huske og aldrig forlade.

I deres forsøg på at overvinde mænd er der nu nogen kvinder der ryger og drikker som dem, idet de glemmer deres gave af moderskab. At gøre dette er ikke blot farligt; det vil simpelthen ikke give de eftertragtede ændringer.

Manden er ikke bedre end kvinden, og kvinden er ikke bedre end manden. Den grundlæggende sandhed er, at i skabelsen er ingen mere værd end nogen anden.

Idet de giver overherredømmet til Gud alene, kan mænd og kvinder blive instrumenter i den Almægtiges tjeneste. Det er udfra denne tilgang at der kan komme sand ligestilling mellem dem.

Det vi ser i dag er et sammenstød mellem fortiden og fremtiden. Den mandlige del af samfundet, som er uvillig til at indgå et kompromis, er indbegrebet af fortiden. Hvis fremtiden skal være en smuk velduftende og fuldt udfoldet blomst, skal kvinder og mænd gå hånd i hånd på alle områder af livet. De som ønsker fred og tilfredshed i verden skal tage dette til deres hjerte, lige nu, i selve dette øjeblik. For at få en lovende fremtid skal kvinders og mænds sind og intellekter blive som et. Vi kan ikke vente længere. Jo længere vi tøver, des værre bliver tilstanden i verden.

Hvis mænd og kvinder forener sig, kan de skabe et sundt lederskab. Men for at dette skift kan komme i stand, skal der være en gensidig forståelse og en åbenhjertet dialog. Slangegift kan forårsage døden. Men den kan også laves om til en medicin som kan redde et liv. Hvis vi på samme måde kan omdanne vores negative tanker til fortrin, så kan vi stadig redde samfundet. Kun kærlighed kan omdanne de negative tankers gift til nektar.

Kærlighed er en følelse som alle levende væsener har til fælles. Det er den vej som kvinder kan tage for at nå mændene, og fra mændene til kvinderne, fra dem begge til naturen, og fra naturen til universet. Og den kærlighed der overstrømmer alle forhindringer er *vishwa matrutvam* – universelt moderskab.

Den største opblomstring der kan finde sted på jorden er opblomstringen af kærlighed. En smuk blomst med farver og velduft blomstrer naturligt, selv på en lille plante. På samme måde skyder kærlighed frem fra menneskenes hjerter, og blomstrer og udvider sig så. Både kvinder og mænd bør tillade denne opblomstring indefra.

Der er intet dybere end den styrke og skønhed der kommer fra to hjerter der elsker hinanden. Kærlighed er i stand til at være kølende og forfriskende ligesom fuldmånen og til at være ligesom den pragtfulde stråleglans fra solens stråler. Men kærlighed kan ikke komme ind i vores hjerter hvis vi ikke tillader det. Kvinder og mænd skal være lige villige til at invitere den kærlighed ind som står og venter. Kun kærlighed kan skabe en permanent forandring i sindene, og således i kvinders og mænds virkeligheder.

Hvis kvinden og ægtemanden lever i gensidig forståelse, vil den tiltagende følelse af fremmedgjorthed imellem dem blive mindre. På denne måde vil problemerne i samfundet også blive formindsket i en vis udstrækning. I dag kan en kvinde og hendes ægtemand endda sige, bare for at vildlede hinanden: "Vi lever sammen i gensidig kærlighed og tillid." Dette er opdigtet kærlighed. Kærligheden er ikke noget som man kan opdigte eller forfalske, den skal leves. Den er livet selv.

At lade som om er som at bære en maske. Lige meget hvem der har den på, så skal den fjernes. Ellers vil tiden fjerne den. Afhængigt af varigheden af skuespillerens rolle vil nogen tage den af tidligere, mens andre vil tage den af lidt senere. Det er den eneste forskel.

Hvordan gik det til at kærligheden, som er den dybtliggende natur og forpligtelse for ethvert menneske, blev til en maske? Det sker når man nedgør sig selv ved at handle uden ydmyghed eller kompromis, at kærlighed bliver falsk. Hvis du for eksempel står ved en flod og bare kigger på den, kan din tørst så blive slukket? For at slukke sin tørst må man bøje sig ned for at drikke vandet. Hvis man i stedet for at gøre dette bliver stående og forbander floden, hvad formål tjener det så? Det er lige så let at fylde os selv med kærlighedens friske vand, hvis vi overgiver os.

Kvinder og mænd som er i forhold i dag er blevet ligesom det hemmelige politi. Alt hvad de ser og hører gør dem mistænksomme. Sådan en mistroiskhed berøver dem sundheden og evnen til at leve længe og er sandelig en alvorlig sygdom. Folk som lider af denne sygdom mister deres evne til at lytte indfølende til hinandens problemer.

Selv om mange forhold lider, har vi ikke mistet kærligheden for altid. Hvis kærligheden dør vil universet dø. Den udødelige glød af kærlighed er i os alle. Vi skal bare puste på den og så vil den blusse op i flammer.

Vi ser at flere og flere dyrearter uddør. Vil vi tillade at kærligheden på samme måde bliver slukket i menneskenes hjerter? For at forebygge at kærligheden bliver slukket skal menneskene komme tilbage til at respektere, tilbede og stole på en guddommelig kraft. Den kraft er ikke udvendig. Men for at finde den indvendigt, må vi ændre vores perspektiv. F.eks. når vi læser en bog så fokuserer vi kun på ordene, ikke på det papir hvorpå bogen er blevet nydeligt trykt. Papiret er det grundlag, hvorpå ordene er blevet gjort synlige.

Prøv dette eksperiment med nogle mennesker. Dæk en stor plade med hvidt papir. Mal et sort punkt midt på det hvide papir. Så spørg dem: "Hvad ser I her?" De fleste vil

sandsynligvis sige, "Jeg ser et sort punkt." Meget
få vil sige, "Jeg ser en sort plet i midten af et
stort stykke hvidt papir."

Menneskeheden er på denne måde i dag.
Vi må først erkende at kærligheden er det cen-
trale i livet. Når vi læser skal vi sandelig være
i stand til at se bogstaverne. Men når vi læser
må vi også erkende papiret som er grundlaget.
I stedet for at se udad indefra, prøver vi i dag
at kigge indad udefra. På denne måde vil vi
ikke være i stand til at se noget klart.

I det verdslige liv har kvinder og mænd
deres egne behov og rettigheder når de arbejder
for at få penge, position, prestige og frihed. De
bruger rigtigt meget tid og indsats for at opnå
dette. Ved siden af al denne anstrengelse bør
vi afsætte et hjørne af vores sind til at huske
én sandhed: Uden kærlighed vil vi ikke få
nogen glæde eller tilfredsstillelse fra navn,
berømmelse, position eller penge. Vores sind,
intellekt og krop skal være beslutsomt rettet
mod ren kærlighed, som er det centrale i livet.
Det er livsnødvendigt at arbejde udfra dette
center af kærlighed. Så vil forskellene mellem

kvinder og mænd kun udtrykke sig som forskelle i form, og vi vil erkende at vi i essensen er ét.

Jaipur er et ideelt sted at holde denne konference. Jorden her har været vidne til en ædel kultur. Prinsesser af ualmindelig styrke og overjordisk renhed blev født og levede her. Gennem deres rene sind og kraftfulde ofringer, opretholdt de uvurderlige idealer i deres liv. Mod og mental renhed er kvaliteter som kvinden behøver at have, uanset tiden eller stedet. Hvis disse kvaliteter bliver selve hendes livsånd, så vil samfundet sætte hende op på en piedestal, og al den position, navn, berømmelse og beundring som hun fortjener, vil nå hende helt automatisk.

I virkeligheden er renhed i sindet grundlaget for mod, og kilden til renhed i sindet er kærlighed. Kun kærlighed kan befri kvinder og mænd fra de mørke fængsler af deres fortid og lede dem ind i sandhedens lys. Kærlighed og frihed er afhængige af hinanden. Kærlighed kan kun bryde frem i et hjerte som er frigjort fra tanker om fortiden. Kun når der er kærlighed indvendigt kan sindet blive frit. Når sindet bliver frit opnår man komplet frihed i livet.

Hvis vi ønsker at opnå frihed, lighed og lykke, må menneskene enten elske hinanden eller elske naturen. Eller de må stræbe for at erkende deres Indre Selv. Tidspunktet for at gøre nogen af disse ting er for længst overskredet. Yderligere forsinkelse på dette tidspunkt forudsiger en stor fare for menneskeheden.

Mange kvinder kommer til Amma og græder og spørger: "Hvorfor har Gud gjort os til kvinder?" Når Amma spørger dem hvorfor de spørger om sådan en ting, svarer de, "Mændene chikanerer os fysisk og mentalt. Når de taler er det fuld af nedladenhed. På grund af dette er vi begyndt at føle lede ved os selv." De føler at det at være født som en kvinde er en forbandelse, og at blive født som en mand er overlegent på enhver måde. Under vægten af dette kompleks af mindreværdsfølelse føler de sig uden styrke til at konfrontere de andre. Måske er det sådanne tanker og oplevelser der fører dem til at begå drab på pigebørn. Tanken om at udsætte endnu en kvinde for sådan en grusom verden, fylder dem med frygt.

Medgifter har længe været ulovlige, men det har ikke formindsket de summer der bliver givet og modtaget ved ægteskaber.

Hvordan kan vi stoppe denne praksis med at skulle give medgift, som bestyrker den idé at kvinder er andenrangs og mindreværdige i forhold til mænd? Hvordan kan fattige familier, som er nødt til at kæmpe blot for at købe det rette tøj, nogensinde håbe på at kunne skaffe nok penge til en medgift? Der er kvinder som dræber deres nyfødte døtre alene af denne grund.

Faktisk støtter skilsmisselovene i Indien ikke kvinder. Når sagerne kommer for en domstol bliver de ligefrem til krige. Selv i dag får store forsinkelser skilsmissesagerne til at trække ud i årevis. Og når de når til en afslutning får kvinden sjældent mere end 400 eller 500 rupees om måneden. Efter skilsmissen er kvinder som har børn nødt til at forsørge dem alene. Den ringe sum penge som de får kan de knap nok leve for i en uge. Derfor har nogle kvinder intet andet valg end at blive prostituerede. Amma har selv tørret tårerne på mange kvinder som har været tvunget til at leve et dobbelt liv, hvor de skifter med at have en uge derhjemme og en uge på bordellet. Andre prøver at få jobs som stuepiger. Men der lider de ofte under et usigeligt misbrug fra deres arbejdsgiveres side, som slår ned på dem som rovfugle for at mæske sig med deres hjælpeløse kroppe. Til sidst går de også over til prostitution. Deres børn følger så i deres fodspor. I en meget ung alder bliver de taget ind af bordellerne. Og kort tid efter bliver de tvunget til at blive gravide. Deres chefer holder så disse kvinder som gidsler med truslen: " Hvis du rejser væk, får du aldrig dit barn at se igen." På denne måde er de tvunget til at blive ved.

I Vesten er de prostituerede mere bevidste om de mulige konsekvenser af deres handlinger og de tager de nødvendige forholdsregler. Men i Indien bliver disse kvinder ofre for utallige kønssygdomme, som gør deres liv til et helvede. Hele denne cyklus starter med mandens manglende respekt for kvinder og med de mindreværdskomplekser der bliver skabt på grund af det.

Et andet problem i dag er at voldtægter er stadigt mere hyppige. Nogle siger at årsagen er den provokerende måde som kvinder klæder sig på i den moderne verden. Men dette er ikke fuldstændigt sandt, for i gamle dage gik kvinderne i Indien, i nogle dele af samfundet, uden bluser på. De dækkede kun sig selv med et enkelt klæde. At se disse kvinder bære bare et almindeligt sjal var ualmindeligt. Ikke desto mindre var voldtægter meget sjældne dengang. Hvorfor? Fordi spirituelle værdier havde en meget stærk indflydelse på dagliglivet og folk havde en bevidsthed om *dharma* – hvordan man opfører sig med respekt og omsorg for menneskeheden som helhed. På grund af trafiklys og radar-kameraer er folk tvungne til at overholde hastighedsgrænserne. De ved at hvis de bliver grebet i at køre for hurtigt for ofte, vil de miste kørekortet. På samme måde ville selv en sultende mand i gamle dage ikke stjæle på grund af hans dybt grundfæstede værdier. Selv om mænd var tiltrukket af kvinder, bibeholdt de deres selvkontrol. Deres bevidsthed om *dharma* og den resulterende frygt fik dem til at opføre sig ordenligt.

Informationsteknologiens fremskridt har gavnet vores samfund meget. Men fordi folk bruger internet og fjernsyn uden den rette dømmekraft, er de blevet endnu en tilskyndelse til voldtægt og afvigende adfærd. Enhver har adgang til upassende hjemmesider. De vækker de dyriske tendenser i folk. Mange Golf-stater har indført strenge forholdsregler for at blokere adgangen til sådanne sider. Indien burde også overveje at indføre lignende forholdsregler. Nogle siger, "Alle er frie!", "Det er vores fødselsret at kunne vælge!" eller "Det er alt sammen en del af den moderne uddannelse!" Men hvis vi undgår at indføre sådanne restriktioner for at føje os for sådanne argumenter, vil vores kommende generationer blive ødelagt. Blodet vil være på vores hænder.

I vores liv er det ikke nok at stræbe efter *artha* og *kama* – at tjene penge og opfylde ønsker; først og fremmest skal der være en bevidsthed om *dharma* – retskaffenhed.

Til sidst vil Amma gerne komme med nogle forslag, som hun føler vil kunne give kvinder en vis lettelse fra den lidelse, som de i dag oplever fra samfundet:

1. Mord på pigebørn er strafbart ifølge loven, men disse love bliver ikke håndhævet. Regeringen skal tage de nødvendige skridt for at sikre at de der bryder disse love bliver retsforfulgt.

2. Kvinder med kundskab, uddannelse og god økonomi bør hjælpe med til at opløfte kvinder, som ikke har nogen uddannelse og som lever i fattigdom. Alle sådanne tiltag bør dog lægge vægt på værdier og kultur, og må aldrig bruges til at så tvivl om landsbyboernes tro eller religion.

3. For at frembringe ligestilling mellem kvinder og mænd er det vigtigt at kvinderne bliver økonomisk uafhængige. For at opnå dette er uddannelse nødvendig. Forældrene bør gøre alt for at sikre sig at deres døtre bliver uddannet så meget som muligt, og på denne måde hjælpe dem til at blive i stand til at stå på deres egne

ben. Da alder ikke er nogen hindring for uddannelse, bør kvinder finde sammen for at komme med kreative måder til at uddanne kvinder som er analfabeter.

4. Hver gang en pige bliver født, ville det være godt hvis regeringen ville sætte en sum penge til side i hendes navn. På denne måde vil hun have de nødvendige midler, når hun kommer i den giftemodne alder. Dette vil formindske antallet af drab på pigebørn.

5. Det ville være en god ting at oprette flere institutioner som kunne tage sig af uønskede pigebørn. Der findes sådan en organisation som kaldes "Mother's Cradle" ["Moders vugge"]. Bevidstheden om sådanne organisationer bør øges i samfundet.

6. Kvinder bør være i stand til at gå alene uden frygt, også om natten. Mændene bør gøre seriøse tiltag for at sikre at dette bliver til virkelighed.

7. På sanskrit er ordet for medgift *stri dhanam*. Stri betyder kvinde; og dhanam

betyder rigdom. De mænd der glæder sig af grådighed til medgiften bør blive klar over at stri er dhanam – altså at kvinden er den rigdom, som man får når man gifter sig.

8. Så vigtigt det er at give piger en god uddannelse, lige så vigtigt er det at afholde bevidsthedskampagner for drenge. Mens de er unge skal de forstå på en meget dyb måde, at kvinden ikke er en ting man kan købe eller sælge, og at hun heller ikke er en bold der kan sparkes rundt af manden. Hun er moderen og fortjener respekt og beundring.

9. I Indien er skilsmisse-tallet stigende. Når et ægtepar i Vesten bliver skilt, så skal manden som regel betale underholdsbidrag indtil kvinden bliver gift igen. Men i Indien bliver sådanne praksisser ikke håndhævet. Dette burde blive ændret.

10. Kvinder skal også arbejde på at inddrage mænd i at skabe ligestilling mellem kvinder og mænd.

11. Det mandsdominerede samfund har til en vis grad haft succes med at udbrede den vildfarelse at "Kvinder er hverken stærke eller modige." Tiden er kommet til at bevise at denne tro er forkert, dog ikke ved at udfordre nogen eller ved at konkurrere med mændene. Gennem den rene essens af moderskab som er iboende i alle kvinder, som ikke engang er bange for døden, og gennem en ufravigelig selvsikkerhed der forbereder hende til at give fødsel til en ny skabelse,  viser kvinden hele tiden verden at hun *er* styrke og selve indbegrebet af mod.

Hvis du siger til en person som ikke har en PhD-grad, "Du har ingen PhD-grad!", vil det så på nogen måde påvirke hans grad? Nej. På samme måde ejer kvinden allerede alt hvad hun behøver for at være et strålende eksempel i samfundet. Hun er uden fejl. Hun er komplet på alle måder. Når mænd forsøger at nedgøre dem, skal kvinder ikke falde helt fra hinanden; de skal aldrig tro at de er mindre værd end mændene. Det er kvinderne, der har født hver eneste mand på denne jord. Vær stolt over denne enestående velsignelse og gå fremad med tro på din iboende kraft. Du skal aldrig tænke på dig selv som et svagt lille lam, men altid som en løvinde.

De ydre øjne og ører hos de mennesker som er fyldt med selviskhed og egoisme er altid åbne. Men det indre øje som er nødvendigt for at kunne se andres sorger, og de indre ører som er nødvendige for at kunne lytte medfølende til de lidendes fortællinger, forbliver lukkede. Det er Ammas dybtfølte bøn at denne hjerteskærende tilstand hurtigt må blive ændret. Må vi alle lytte til, tage os af og respondere på andres problemer. Må alle bede for andres lykke og fred. Amma ofrer disse bønner til Paramatman – det Højeste Selv.

||Om Lokah Samastah Sukhino Bhavantu||